DE L'ALLIANCE

FRANCO-IBÉRIQUE.

NANTES.
IMPRIMERIE W. BUSSEUIL.

DE L'ALLIANCE

FRANCO-IBÉRIQUE

PAR

ADOLPHE BOBIERRE,

GRAND PRIX DE L'INSTITUT DE FRANCE, LAURÉAT DE LA SOCIÉTÉ
NATIONALE ET CENTRALE D'AGRICULTURE.

Plus de Pyrénées.

EXTRAIT DU *COURRIER DE NANTES.*

Janvier 1851.

1851

DE L'ALLIANCE FRANCO-IBÉRIQUE.

Préambule.

Voir dans la politique qui a eu pour but, depuis Louis XIV, la réalisation du mot fameux « *Plus de Pyrénées,* » une manifestation mesquine d'intérêts de famille ou de dynastie, c'est évidemment oublier les grandes lois matérielles et morales de l'équilibre européen.

Les peuples sont comme les eaux : ils suivent leurs pentes naturelles. C'est en vain qu'ils essaient de se dérober aux lois providentielles qui règlent la hiérarchie de leurs rapports. Ramenés dans le rayon des nécessités physiques de leur existence, ils accomplissent tôt ou tard ce que leur topographie, leurs tendances morales, leurs besoins réels leur commandaient d'accomplir.

C'est ce que la position relative de la France et de l'Espagne nous permettra de démontrer, en nous basant sur les données de l'analogie politique, comme sur celles non moins impérieuses de la corrélation industrielle et commerciale des deux nations.

Sous l'influence de la grande politique de Louis XIV, l'Espagne, protégée contre les invasions continentales, put assurer naguères sa prospérité et le développement de ses arts industriels. Sa population fut doublée en quatre-vingts ans. Ses revenus furent triplés pendant que sa marine s'augmentait de 70 vaisseaux de ligne. Si ces symptômes si favorables furent les conséquences du traité d'Utrecht, il ne faut pas en rechercher uniquement la cause dans les combinaisons pures de la diplomatie de la maison de Bourbon, mais bien dans l'observation stricte des affinités naturelles des deux pays, et dans la reconnaissance de la solidarité intime qui doit les réunir sous le drapeau du progrès.

Nous ne sommes plus à une époque où de fausses idées sur la nationalité puissent avoir cours. L'épithète d'*afrancesada*, dont une mesquine opposition gratifiait, il y a quelques semaines à peine, l'habile administration du général Narvaez, tombe devant les notions les plus vulgaires de la civilisation moderne. C'est ce que le ministère espagnol a développé avec bonheur, dans sa réponse à l'opposition. Il n'y a pas, en effet, abdication du véritable sentiment national là où il y a entente cordiale et communion de pensées. Alliance ne saurait signifier absorption.

Qu'on ne l'oublie pas d'ailleurs, — entre les deux puissances militaire et industrielle qui tentent chaque jour de monopoler, chacune à son profit, les conditions de prospérité et de force ; entre le sabre de la Russie et la machine à vapeur de l'Angleterre, il faut un contrepoids en Europe. Constater un tel principe, c'est démontrer la nécessité d'une influence modératrice en regard du génie anglo-saxon et de l'initiative slavo-scandinave. Cette influence, il appartient à la propagande pacifique et spiritualiste de la France de la faire prévaloir, comme elle le fit jadis par la fusion de ses intérêts avec la péninsule espagnole et le royaume de Naples, assurant ainsi sa légitime pondération dans les intérêts méditerranéens.

Habile à saisir et à soutenir ses intérêts matériels, le ministère anglais a parfaitement compris que , du moment où la grande idée de Louis XIV serait passée dans le domaine des applications industrielles , l'Espagne cesserait d'être , comme le Portugal , une colonie propre à écouler le trop plein de ses colossales manufactures. Les négociants de la cité n'ignorent pas que le gouvernement intelligent d'Isabelle marche à grand pas , comme celui de France , vers une fusion d'intérêts dont les Pyrénées seront impuissants à masquer la raison d'être.

La machination du *Foreign-Office*, en Espagne , à l'époque de l'administration d'Espartero ; les déplorables actes de M. Buwler, à Madrid , dans des circonstances toutes récentes, ne permettent pas le moindre doute à cet égard.

Ce que la politique a déjà accompli dans la sphère des intérêts intellectuels , il appartient à la civilisation moderne de le réaliser dans le domaine des transactions industrielles et commerciales. Faites pour s'entendre , les deux grandes nations que séparent les Pyrénées comprennent déjà que l'abaissement respectif de leurs tarifs douaniers sera le signal d'une union sérieuse et prépondérante sur l'échiquier diplomatique. Les modifications introduites dans le dernier *arancel* prouvent clairement combien le gouvernement d'Isabelle est disposé à entrer dans une telle voie.

Etroitement unie à l'Espagne par le double lien des sympathies morales et des intérêts matériels ; appuyée, d'autre part, sur le Piémont et les états de l'Eglise en Italie , la France peut marcher grandement vers les glorieuses et pacifiques conquêtes imposées à la civilisation moderne.

Resserrant par des combinaisons industrielles sérieuses , les liens d'affection qui l'unissent déjà à la France , le gouvernement d'Isabelle complèterait l'œuvre qu'il a si heureusement ébauchée en prenant les institutions constitutionnelles pour levier : le réveil de l'ascendant espagnol en Europe.

Décembre 1850.

§ I.

POINT DE VUE POLITIQUE.

La France suit avec bonheur les progrès
accomplis par le Gouvernement Espagnol.
PAUL DE BOURGOING.

Le pouls de l'Angleterre ne bat point sur son propre territoire, mais bien sur les marchés alimentés par ses produits, ou dans les ports vers lesquels se dirige la proue de ses vaisseaux. L'empereur l'avait compris en portant en Egypte le champ de bataille où il voulait attaquer la puissance de la Grande-Bretagne. Lord Palmerston l'a prouvé tout récemment, par la passion avec laquelle il a apprécié l'acte le plus logique du ministère Guizot : le mariage d'une infante d'Espagne avec l'un des fils du roi Louis-Philippe.

Les menaces montémolinistes de lord Palmerston, ses colères peu déguisées à l'occasion du mariage du duc de Montpensier, sont un symptôme de l'importance attribuée par la Grande-Bretagne au maintien de l'état de souffrance où la guerre civile avait plongé l'Espagne. L'alliance franco-ibérique cimentée, les relations commerciales et industrielles des deux peuples rendues faciles par l'abaissement des tarifs douaniers, — les marchandises angloises ne trouveraient plus, dans la Péninsule, on le comprend, un écoulement aussi avantageux que par le passé. Là où la paix et la concorde existent, l'industrie, la production se développent ; l'importation des marchandises étrangères diminue proportionnellement. Dans ce seul fait réside depuis longtemps toute la stratégie anglaise. Fomenter les dissensions intestines de l'Espagne pour les exploiter ensuite, telle est la politique du *Foreign-Office* à Madrid.

L'Espagne a compris la situation que voulait lui faire la cauteleuse diplomatie de Londres. Malgré les événements de février, malgré l'agitation semée à dessein dans ses provinces, elle a su choisir le moment où l'Europe presque entière était en feu, pour donner le spectacle d'une nation calme et digne. Tandis que nos prisons regorgeaient de prévenus, elle rappelait ses proscrits. Tandis que chaque puissance était exclusivement occupée d'intérêts de famille et de pure politique, le gouvernement énergique de Narvaez comprimait l'esprit de désordre et faisait faire un large pas à l'Espagne, dans la voie des progrès économiques, en proposant la révision des tarifs.

Que cet essai ne consacre, pour le moment, que de timides résultats, nous le reconnaissons en nous plaçant au point de vue spécial des chiffres ; mais le thème devient tout autre si on examine la difficulté du premier pas en pareille matière, et la résistance à laquelle devait s'attendre le cabinet Narvaez, en présence des intrigues du parti anglo-contrebandier, dont l'industrie catalane n'a été que trop souvent l'illusoire prétexte.

Nous reviendrons plus tard, et avec détails, sur ce côté tout spécial de la question espagnole. Ce que nous voulions constater, c'est que, malgré les attaques dont il a si souvent été l'objet, le gouvernement constitutionnel de la jeune reine Isabelle a donné les preuves les moins contestables de sa force et de son initiative, dans un moment où les trônes les plus solides et les dynasties les plus vivaces se courbaient au souffle de l'épidémie révolutionnaire.

Reprenons, du reste, les faits à leur origine et les raisonnements à leur base, et recherchons si les attaques dont le gouvernement espagnol a été l'objet sont, en droit comme en fait, fondées sur des motifs plausibles. Une telle tâche nous offrira peu de difficultés.

Le parti carliste, dévoué aujourd'hui aux intérêts du comte de Montémolin, reproche au gouvernement actuel d'être un pouvoir d'usurpation et de fait. Le testament de ce roi, dont les Espagnols avaient admis l'omnipotence en le recevant aux cris de *Viva el rey neto !* la consécration des cortès : tout cela, pour le parti montémoliniste, est nul et non avenu.

De son côté, la démagogie réclame, par l'organe du *Clàmor Publico*, contre la vigoureuse et opportune politique par laquelle le capitaine général Narvaez a su rétablir en Espagne, l'ordre, la sécurité, et se placer d'un bond au rang des premiers hommes d'Etat de l'Europe.

Dans ce tableau, ne voyons-nous pas une reproduction fidèle de nos dissensions intestines ; et l'absolutisme, d'un côté des Pyrénées comme de l'autre, ne se fait-il pas le compagnon d'arme du radicalisme démagogique, pour battre en brèche les assises du gouvernemeat de la majorité ? Poser une telle question c'est la résoudre.

Le reproche d'usurpation tant de fois adressé à la monarchie contitutionnelle d'Isabelle, est illogique et sans portée. Il sera impuissant a arrêter dans leur essor les destinées de la jeune Espagne.

Il est illogique même au point de vue légitimiste, car, d'après les antiques *fueros* de Castille, les infantes recueillent la succession royale au même titre que les fils mâles. Le droit public des Bourbons avait, à la vérité, introduit la loi salique en Espagne, c'est-à-dire la succession par mâles; mais le testament de Ferdinand VII, — de ce même monarque dont les montémolinistes actuels avaient acclamé l'absolutisme, — et le vote solennel des cortès, ont fait rentrer la législation espagnole dans ses antiques errements.

Isabelle règne donc en vertu du testament du roi son père, en vertu d'un droit proclamé et reconnu par l'ancienne monarchie espagnole. Ses droits sont aussi bien établis à cet égard que le seraient ceux de la reine Victoria, dans le cas où l'on retrouverait de par le monde quelque héritier de Jacques II. Pourquoi, au surplus, les diverses partis de la nation espagnole ne comprennent-ils pas qu'il y a plus de générosité et de véritable point d'honneur (hidalguia) à sacrifier ses sympathies sur l'autel du patriotisme, qu'à prolonger une lutte inspirée par une fatale obstination.

Ce grand principe de la légitimité du gouvernement d'Isabelle, la France eut le tort de ne le reconnaître que timidement et à mots couverts , en 1847, sous le ministère Molé. En soutenant au-delà des Pyrénées et à la pointe de son épée , le gouvernement d'Isabelle , la France eut combattu avec logique le principe absolutiste. et mal pénétré des besoins de l'époque , dont le parti carliste soutenait le drapeau. M. Thiers développa cette thèse avec énergie et talent ; mais toute son éloquence ne put empêcher M. Molé de prouver à son prédécesseur qu'il avait lui-même reculé devant l'intervention française en Espagne , sous l'influence de M. de Talleyrand. Une question vraiment nationale fut étouffée sous le poids d'une individualité alors prépondérante. L'histoire ajoutera que la France craignait le mécontentement de M. de Metternick. — M. de Metternick eut souffert l'intervention , et la France eut acquis , auprès de la nation espagnole , des titres sérieux et fondés.

Nous avons dit que les reproches d'usurpation dirigés contre le gouvernement de la jeune reine, sont sans portée. Nous aurions pu , en le démontrant au point de vue dynastique, reproduire les arguments présentés par M de Broglie , à la chambre des pairs , en 1837 , et prouver que de deux choses l'une., ou les cortès de 1712 n'avaient pas le droit d'approuver la pragmatique de Philippe V , ou les cortès de 1830 avaient le droit d'annuler cette même pragmatique.

Mais quittons cet ordre d'idées pour entrer dans le domaine de faits positifs, dont la relation établit une loi qui a bien aussi sa valeur.

Les services rendus par le gouvernement d'Isabelle et le cabinet du parti *modéré* ont nettement établi vers quel pôle devaient se diriger désormais les sympathies des hommes d'ordre et de progrès. Il y aurait ingratitude et aveuglement à nier les résultats de cette politique conciliatrice , qui a coupé court à la domination occulte de l'Angleterre , tout en donnant d'ailleurs un large essor à l'esprit de libéralisme constitutionnel dans lequel réside l'avenir de l'Espagne. La politique de Madrid voguait entre deux écueils également dangereux : d'une part , le parti rétrograde, à la tête duquel se trouvait don Carlos ; de l'autre , le parti anglo-contrebandier , représenté par Espartero. Saisissant avec vigueur le gouvernail , le capitaine-général Narvaez a compris que le moment des révolutions n'était point celui des transactions. La civilisation moderne, la cause du vrai libéralisme lui doivent une palme qu'il y aurait injustice à lui contester.

Les progrès intérieurs de l'Espagne , depuis sa nouvelle administratiou, donnent une mesure de ce que son ascendant au dehors peut faire espérer dans l'avenir.

En présence de ces progrès incontestables, nous avons raison de dire que l'opposition montémoliniste est sans portée.

Le gouvernement d'Espartero sacrifiait complètement l'union franco-ibérique aux intérêts mercantiles de l'Angleterre. (Sous son influence, la péninsule devenait une colonie propre à l'écoulement des produits de la Grande-Bretagne, et pas autre chose. Nous aurons occasion de revenir sur ce point important de la question qui nous occupe, lorsque nous aborderons plus loin l'examen économique de l'alliance entre la France et l'Espagne. (

Les finances étaient déplorables ; les ateliers déserts, l'agriculture complétement délaissée. Les routes sillonnées par les *guerillas* des partisans n'offraient au voyageur qu'une problématique sécurité. L'Espagne était devenue la terre classique des insurrections, de l'anarchie, de la guerre civile. Et cependant ces royaumes épars, divisés par les mœurs et les traditions ; ces belles contrées traversées pendant quinze années par des bandes féroces, offrent maintenant le spectacle du calme et de l'unité.

L'industrie a soudain participé à l'état prospère de la politique du parti *modéré* espagnol. Les ateliers de la Catalogne se sont rouverts.

Les finances espagnoles, ce problême qui passait jusqu'à ce jour pour insoluble, sont à la veille de conquérir l'assiette si désirable pour la sécurité des masses. Jusqu'à ce jour, le déficit annuel de l'Espagne n'avait pas été moindre de 200 millions de réaux. Tout porte à croire, si les calculs de M. Sanchez Oscana sont exacts, qu'il sera presque comblé cette année, par suite des économies réalisées et de l'augmentation progressive des revenus publics.

L'instruction publique s'est développée ; et tandis que le nombre des établissements s'est augmenté, le gouvernement a délégué des jeunes gens capables, pour puiser aux sources de la science les notions de mathématiques, de médecine, de sciences naturelles et chimiques.

D'excellentes conventions postales ont été conclues par l'Espagne, avec la France, la Belgique et le Portugal. Le fisc a réduit et coordonné d'une manière intelligente les taxes qu'il percevait sur la population. Le revenu des tabacs, cet infime mais fort exact thermomètre de la prospérité en

Espagne, a été augmenté de 57 %. La réforme douanière a été entamée sur des bases que nous apprécierons plus loin ; et à l'heure même où cette pacifique administration du parti modéré faisant succéder tant d'heureux résultats à la politique ouvertement anglaise des cabinets Pacheco et Goyena , à cette heure même , par un étrange déplacement des horizons, la France était en proie aux secousses révolutionnaires, et aux embarras financiers qui en sont l'inévitable cortège.

Voilà ce qu'a fait la jeune Espagne , en présence des tentatives insurrectionnelles combinées au palais de Saint-James et mises en pratique , à Madrid , par M. Buwler. Voilà ce qu'elle a fait , en présence de l'Europe en feu et des dissensions intestines que le parti montemoliniste fomentait sur son territoire. Nous demandons maintenant aux hommes de bonne foi , si le gouvernement d'Isabelle n'a pas conquis une double légitimité ?

En présence de ce tableau succint mais fidèle , il nous semble patent , indiscutable , que l'avènement absolutiste de don Carlos ou du comte de Montemolin eut été un malheur pour l'Espagne et pour la France , son alliée naturelle.

Forcé de s'appuyer sur les cours du Nord , le roi d'Espagne eut suivi une politique diamétralement opposée aux besoins de l'époque actuelle et aux institutions libérales sur lesquelles la France et la Péninsule doivent s'appuyer pour accomplir leur mission en Europe.

Divisés à plusieurs reprises par des événements imprévus, les hommes politiques de Paris et de Madrid sont enfin , depuis quelques années, sur un terrain commun, celui du constitutionnalisme. Il importe à l'avenir des deux pays de mettre à profit cette heureuse circonstance , pour conquérir dans l'Europe, par leur influence sur la Méditerranée, la place qu'ils y doivent occuper de concert.

Jusqu'à l'avènement du gouvernement modéré, dont le cabinet Narvaez est le symbôle , la diplomatie de Madrid a constamment oscillé entre le léopard anglais et le drapeau tricolore. Or, l'alliance anglaise , pour la Péninsule , c'était la ruine de son industrie , de son commerce , de sa vitalité propre. Réduite à l'état de gardienne de Gibraltar , la patrie du Cid devenait la vassale de lord Palmerston. Le gouvernement éclairé d'Isabelle ne pouvait consommer un tel acte.

L'alliance franco-ibérique accomplie sur des bases plus larges et plus sérieuses qu'elle ne l'a été par les dernières réformes douanières , — l'union des deux pays réalisée par des réductions *progressives et mutuelles* des tarifs , seraient au contraire profitables à l'Espagne , en même temps qu'elles ajouteraient une nouvelle pierre au monument dont Louis XIV a jeté les fondements.

C'est ce que nous essaierons de développer dans le chapitre suivant.

§ II.

POINT DE VUE COMMERCIAL ET INDUSTRIEL.

L'ordre matériel est la base de l'ordre
moral.   MARTINEZ DE LA ROSA.

La situation économique de l'Espagne devait se ressentir des améliorations de sa politique, et le système de large publicité, logiquement adopté par le ministère du commerce, a permis, depuis quelques années, de suivre l'intéressante progression qui s'est accomplie dans les transactions de la Péninsule.

Quel que soit ce progrès, quelle que soit l'amélioration obtenue dans les rapports de l'Espagne avec la France sous l'influence du cabinet Narvaez, poursuivons le but que nous nous sommes imposé au commencement de ce travail : avant d'étudier ce qui est, examinons ce qui peut être réalisé au grand avantage des deux pays.

Et tout d'abord, constatons ce fait patent, que l'Europe peut, *au point de vue des douanes*, être subdivisée en trois grands groupes parfaitement distincts : — groupe libéral, qui comprend l'Angleterre, les Pays-Bas, les Villes Anséatiques, l'Association Hanovrienne, le Mecklembourg, la Suisse, la Toscane, la Grèce et la Turquie; — groupe modéré , qui se compose de la Norwège, du Danemarck , de la Belgique , du Zollverain, des Etats Sardes , des Etats Romains et des Deux-Siciles ; — et enfin groupe fortement protecteur. dans lequel la France est rangée avec l'Espagne , l'Autriche et le Portugal.

Est-ce à dire qu'il faille , en raison de ce parallèle , sur lequel ont tant insisté les *free-trader* , bouleverser radicalement un tel ordre de choses, et demander l'abolition douanière entre les pays que leurs affinités propres portent à se grouper naturellement ? Nous ne le croyons pas.

Nous savons tout ce qu'on peut dire à l'appui de l'union douanière entre la France et l'Espagne, ou encore entre la France ,. l'Espagne et l'Italie, de manière à supprimer d'un seul coup les Pyrénées et les Alpes. Mais nous l'avouons franchement. nous préférons les plaines de la pratique immédiate aux sommités quelquefois infranchissables de la théorie pure.

Nous avons la conviction qu'une sage échelle progressive dans la diminution des tarifs respectifs., entre la France et l'Espagne , peut servir de lien puissant à l'alliance entre les deux peuples ; mais nous croyons que ce travail doit être continu, gradué et surtout mis en rapport avec des nécessités incessamment recherchées, étudiées et reconnues.

L'état de l'Europe , le développement du commerce espagnol , celui de notre industrie nationale , nous font une loi de repousser le *statu quo* en matière de tarifs. Les enseignements de l'expérience , la prudence commandée par l'étude des faits , nous font un devoir non moins impérieux de combattre toute solution radicale et inexécutable, eu égard à l'état actuel de l'opinion.

Il y a certes beaucoup à blâmer dans les tarifs de la France ; il y a beaucoup à faire pour améliorer ceux de l'Espagne , et les mettre , en même temps que les nôtres , dans une situation telle qu'on puisse en profiter sur les deux versants des Pyrénées. Il ne faut point cependant conclure de cet état de choses, à l'adoption des théories radicales prônées par les libre-échangistes.

L'Espagne a donné, il y a peu de temps , la preuve de son bon vouloir à entrer dans la ligne des tarifs modérés. La France incline, de son côté, dans la même direction. Mais il ne faut pas oublier que toutes les contrées de l'Europe ont des conditions d'existence et de législation inhérentes à leur géographie et à leur caractère national. La France et l'Espagne n'ont à se régler ni sur l'exemple de l'Angleterre , dont l'industrie ne craint plus de rivales, ni sur celui des Pays-Bas et des Villes Anséantiques , où l'intérêt commercial règne exclusivement ou à peu près. La libéralité du Mecklembourg , pays à moitié féodal , et celle de la Turquie, n'impliquent ni lumières dans le gouvernement , ni bien-être chez les habitants. On ne saurait perdre de vue , d'ailleurs , qu'un système fortement protecteur est impossible dans les petits Etats. En constatant ce qu'il y a à faire, il faut donc éviter de tomber dans l'exagération , écueil assez général du radicalisme économique.

Le pacte de famille du 15 août 1761 (art. 25) ; la convention secrète du 2 janvier 1768 (art. 4 , 5 et 6) ; celles des 27 décembre 1774 et 27 décembre 1786 ; le traité de paix conclu à Bâle, le 22 juillet 1793 , entre le roi d'Espagne et la République française , et enfin celui du 20 juillet 1814 , assuraient aux deux nations les avantages suivants :

1º Le traitement national, et en même temps celui de la nation la plus favorisée , sous le rapport du tonnage des navires;

2º Le droit réciproque pour faire le cabotage dans tous les ports des deux pays ;

3º La faculté d'interposer ou de déposer, à la charge de réexportation , les marchandises prohibées qui se trouveraient à bord des navires ;

4º Celle de rectifier, pendant huit jours , les erreurs commises dans les déclarations.

Indépendamment de ces avantages , l'article 4 de la convention secrète du 2 janvier 1768 , se référant aux articles 10 et 11 du traité de navigation des 28 novembre et 9 décembre 1713 , plaçait en quelque sorte sous la garantie de la France , les antiques *fueros* que le contrat de réunion des provinces vasco-navarraises à la couronne de Castille leur avait garantis , et leur donnaient ainsi une valeur égale aux franchises que les traités de 1815 ont allouées au pays de Gex.

Les *fueros* des provinces vasco-navarraises leur assuraient, indépendamment d'autres franchises , l'exemption de tout régime de douane et la faculté de commercer librement avec la France , dont pendant longtemps elles avaient été en quelque sorte partie intégrante.

Enfin , harmonisée en cela avec les conventions qui assuraient à la

France le traitement de la nation la plus favorisée, la législation espagnole ne frappait d'aucune surtaxe les importations par la voie de terre.

La liberté du commerce avec les provinces vasco-navarraises donnait un grand aliment de fret aux navires de Bordeaux et de Bayonne, qui rapportaient de la Colombie, de Saint-Thomas, de Guyaquil, de la Havane, les principales denrées coloniales nécessaires à l'approvisionnement de ces provinces. Elle alimentait, en outre, le commerce considérable que Bayonne entretenait avec les maisons de Pampelune, Fontarabie, Saint-Sébastien, Bilbao et Saragosse. L'*arancel* de 1841 a détruit les franchises, mais en déplaçant simplement la question et en patronant en quelque sorte la contrebande dont profita alors Gibraltar.

L'*arancel* publié en 1841, sous l'inspiration d'Espartero, établissait entre la France et l'Espagne, une barrière dont l'Angleterre avait déterminé les dimensions. Les provenances étrangères étaient frappées par des droits *ad valorem*, de 25, 30, 40 et quelquefois de 60 %, droits que l'exagération du minimum de valeur servant de base à la perception, porte à 50, 60, 80 et même 120 %.

Sous le titre de *Aumento en banda estranjera*, l'art. 8 de la *ley de aduanas* imposait en outre, sur toute importation faite sous pavillon étranger et par terre, une surtaxe, non comme celle usitée en France, en pareil cas, qui s'élève à 10 %, mais de 25, 33 et même 50 %.

L'article 15 de la même loi privait du bénéfice du pavillon national — ce qui équivaut à une surtaxe de 33 % — tout navire venant avec des marchandises ou denrées, soit de Gibraltar, soit des ports de France situés au midi de la Gironde, soit des ports français de la Méditerranée, depuis et y compris Marseille, soit enfin des ports de l'Algérie.

Ajoutons que la faculté d'entreposer était prohibée, et qu'une ordonnance d'Espartero, en date du 26 août 1841, réduisit à vingt-quatre heures le délai précédemment accordé pour la rectification des manifestes et déclarations.

Il y a, il faut le reconnaître, certaines clauses spéciales de la *ley de aduanas* de 1841, qui puisent leur source dans des considérations respectables de nationalité. Nous citerons, par exemple, la suppression des *fueros* des provinces vasco-navarraises, et la translation aux Pyrénées des lignes de douanes précédemment établies sur l'Ebre. Mais il en est

d'autres qui , conformes d'ailleurs à l'esprit général du tarif , équiva-
laient à une scission tranchée avec la vieille alliée de l'Espagne.

Dictée par la politique hostile de lord Palmerston , de lord Clarendon
de M. Asthon , la loi des douanes de 1841 était un brûlot jeté par l'Angleterre , dans notre commerce international. Le temps s'est chargé de
réparer cet acte dont une fusion plus étroite d'intérêts économiques éntre
la France et l'Espage , achèverait d'effacer les traces.

L'effet, du reste , suivit bientôt la menace. En même temps que toutes les portes étaient ouvertes à la contrebande de Gibraltar , un cordon
de troupes couvrait les Pyrénées de ses soldats transformés en *carabine-
ros* , et un mur d'airain s'élevait entre l'Espagne et un pays qui n'était
plus son allié que de nom.

Pour compléter le triste tableau , il nous faudrait relater les bases du
fameux traité anglo-espagnol préparé par Marliani , sous l'instigation de
la politique de Londres. Le parti modéré , en rentrant sur le sol d'Espagne , paralysa heureusement des tentatives qui eussent conduit le royaume d'Isabelle à faire acte de vasselage entre les mains de lord Palmerston. Les exportations de France , amoindries de plus de 30 millions en une
année , furent le premier symptôme de ces tendances que le cabinet de
Narvaez a si heureusement arrêtées dans leur déplorable essor.

Aux époques les plus favorables , la valeur des échanges entre les produits de la France et de l'Espagne, n'a jamais représenté plus de 3 fr.
par habitant des deux pays , chiffre bien inférieur à ce qu'il devrait être.

Sous l'influence de la *ley de aduanas* de 1841 , les relations des deux
pays qui étaient représentées, l'année précédente, par le chiffre de 101 millions , tombèrent soudain à 71 millions. L'Angleterre dut sourire à la pu-
blication de ce chiffre , qui dénotait déjà la rapidité de la pente sur laquelle était placé le commerce franco-espagnol.

La contrebande avait applaudi , et l'industrie catalane qui , avec ses
30,000 ouvriers , est bien loin de fournir à la consommation nationale,
avait été le prétexte des applaudissements. Sous l'empire de ces mesures ,
la fraude ne tarda pas à faire payer au consommateur espagnol une taxe
que M. Mon évaluait à 80 millions de francs. Espartero avait rempli une
partie de son but : la protection provisoirement occulte du commerce
anglais , et l'exclusion des intérêts de la France. On connait le reste.

Il nous fallait dérouler ce triste tableau des injustices commises par le gouvernement espagnol, sous Espartero, pour faire apprécier l'immense résultat obtenu depuis par le cabinet du parti modéré. De même qu'il a su, en politique, étouffer l'esprit de désordre fomenté par les agents du *Foreign-Office*, le cabinet Narvaez a eu le courage de vaincre le préjugé et l'élément anglo-contrebandier, en abaissant la barrière des tarifs protecteurs.

Dans le domaine des idées, comme dans celui des faits, en politique comme en économie, en théorie comme en pratique, le gouvernement constitutionnel d'Isabelle, appuyé sur le cabinet modéré, a donc réalisé une tâche d'autant plus ardue qu'il lui a fallu, dans son accomplissement, triompher des guerillas dans ses montagnes, et des diplomates anglais dans les chancelleries.

C'est ce qu'il nous sera facile de démontrer, en examinant sommairement les améliorations contenues dans la *ley de aduanas* de 1849.

Quelques timides qu'elles soient, les améliorations apportées au nouveau tarif constituent un grand fait dans l'économie politique de l'Espagne. Il ne faut pas oublier que l'instant où le cabinet Narvaez les a réalisées était précisément celui des révolutions et des intrigues diplomatiques. Ce qu'il fallait établir avant toute chose, c'était la constatation d'un principe.

En réclamant, au nom de l'intérêt d'une alliance féconde, un développement plus large des conséquences de ce principe, nous ne saurions méconnaître l'importance de sa proclamation.

Les exportations d'Espagne, constatées dans ses relevés officiels, s'élèvent à la somme de 129 millions de francs, dans lesquelles la France n'entre que pour un chiffre de 35 à 40 millions. D'autre part, les exportations de France en Espagne peuvent être représentées par la somme de 90 millions, dont les articles suivants permettent de décomposer les chiffres respectifs.

Année 1849.

Indication de quelques produits principaux dont l'échange constitue le commerce franco-espagnol.

PRODUITS FRANÇAIS.		**PRODUITS ESPAGNOLS.**	
Tissus de coton.........	22,336,812 fr.	Plomb brut............	7,208,301 fr.
Tissus de laine..........	20,504,970	Laines en masse.......	8,213,518
Tissus de soie..........	19,906,831	Huile d'olives (1)......	972,016
Mules et mulets........	4,055,700	Citrons et oranges......	3,391,083
Tissus de lin et chanvre...	4,672,128	Liége................	3,379,143
Mercerie et boutons......	2,399,110	Cochenille............	2,865,420
		Nattes, tresses de pailles et sparteries........	1,741,345
		Minerai de plomb.......	468,859

Ainsi que nous l'avons dit plus haut, la Catalogue, ou plutôt le parti anglo-contrebandier qui exploitait son nom, s'opposait à toute modification dans les tarifs. Les tissus de coton étaient prohibés, et ceux que la contrebande importait en Espagne prenaient, dans un grand nombre de cas, la marque des fabricants catalans.

On s'opposait avec non moins de vigueur à toute exportation de minerais, et cependant les immenses richesses métallurgiques de l'Espagne sont inexploitées, faute de moyens pratiques et en rapport avec la topographie des gisements.

Sous l'influence du cabinet Narvaez, le progrès a cependant triomphé dans la chambre des cortès, et six semaines de délibérations approfondies ont porté un rude coup aux immobilistes encouragés par le *Foreign-Office.*

Un droit de 35 à 40 % a été imposé aux tissus de coton, qui étaient antérieurement prohibés.

L'importation légale a dès lors présenté un avantage sur celle des contrebandiers, dont l'assurance aux frontières d'Espagne s'élevait à 60 % de la valeur de la marchandise.

Sur ce seul article, la contrebande qui, en Espagne, est l'industrie de soixante mille individus environ, perdait déjà une notable portion de ses

---

(1) L'importation de l'huile d'olive s'élève quelquefois à trois millions de francs.

bénéfices illicites. Les dispositions relatives aux autres marchandises poursuivent la fraude dans ses derniers retranchements.

D'après le nouvel *arancel* publié par le gouvernement d'Isabelle, les matières premières qui ne se produisent pas abondamment en Espagne, et qui servent póur l'industrie nationale, paient de 1 à 14 % sur leur valeur.

Le bois de mâture est compris dans cet article.

Les matières premières similaires à celles que l'Espagne produit avec abondance ; les agents de production qui sè trouvent dans le même cas, comme, par exemple, le charbon de terre et le coke ; les articles manufacturés qui peuvent faire concurrence aux articles nationaux, paient de 25 à 50 %.

Les articles étrangers qu'exige la consommation et que l'industrie nationale ne fournit point, paient jusqu'à 15 % ; seulement, dans des circonstances très-exceptionnelles, ce maximum pourra être porté jusqu'à 20 %.

Le droit différentiel de pavillon est de 20 %.

Sont prohibés à l'entrée :

Les armes de guerre, projectiles, munitions.

Le vif argent, les cartes hydrographiques publiées par le dépôt de la marine espagnole.

Le cinabre.

Les bâtiments en bois de moins de 400 tonneaux de 20 quintaux chacun.

Les graines, farines, biscuits secs et pâtes à potage, excepté les articles permis par la loi des céréales.

Les livres et imprimés en langue castillane d'auteurs espagnols, à moins qu'ils ne soient introduits par les auteurs mêmes ayant droit à la propriéte.

Les missels, bréviaires, diurnes et autres livres liturgiques. (Ne sont point compris dans la prohibition, les dictionnaires et les vocabulaires, qui ne portent point préjudice aux droits de propriété d'auteurs espagnols qui en ont la jouissance d'après la législation en vigueur.)

Les ornements et effets militaires.

Les peintures , figures et tous autres objets contraires à la morale ou à la religion catholique.

Le sel commun , le tabac, les , chaussures et effets confectionnés , excepté ceux à l'usage des voyageurs.

Et enfin , les préparations pharmaceutiques défendues par les règlements sanitaires.

Par une décision favorable à l'industrie , des droits modiques d'exportation , mais qui pourraient encore être notablement dimiminués — pour certains articles — sont prélevés sur les substances suivantes :

Galène argentifère , cuivre noir de première fusion , litharge contenant moins d'une once d'argent par quintal , plomb en saumon , soie en cocon, bois pour construction de bâtiments. (Le gouvernement est autorisé à prendre les mesures nécessaires afin de combiner les avantages pour les constructions de la marine de guerre et marchande avec les intérêts des propriétaires de bois.)

L'exportation des objets suivants continuera d'être défendue :

Liége en tables et planches ou semelles , de la province de Gironne, dans la Catalogne ; litharge contenant une once ou davantage d'argent par quintal ; galène argentifère ; plomb contenant 24 demi-gros ou davantage d'argent par quintal ; chiffons de coton , chanvre ou lin et effets usés de ces mêmes matières.

Ajoutons que , par une intelligente mesure propre à activer l'exploitation des minerais dans la Biscaye et le traitement de leur produit en France , l'Espagne a ouvert enfin ses portes à deux battants à la sortie des minerais de fer. Qu'en est-il résulté ? Un avantage pour le commerce des deux peuples. Le superbe minerai de Biscaye , qui renferme jusqu'à 65 % de fer parfaitement pur, prend maintenant le chemin de Bilbao, où il est embarqué pour les usines des Landes , des Basses-Pyrénées et de la Gironde. Les navires commencent à sillonner la mer entre Bordeaux , Bayonne et Bilbao , et tout annonce que ce commerce prendra d'ici quelques années un développement considérable.

Ce que l'administration du gouvernement d'Isabelle a effectué pour les minerais de fer, qu'elle le fasse pour les abondants produits encore inexploités de certaines mines de cuivre ; et dans cette route une fois ouverte au commerce international , les deux pays compléteront l'un par l'autre leurs conditions de prospérité industrielle : l'un par le débouché de la matière première qu'il peut puiser dans son sol privilégié , l'autre par le traitement industriel de la substance brute.

C'est surtout dans le commerce des tissus que le nouveau tarif a fait révolution. Sur leur valeur en effet la fraude percevait des sommes énormes — 70 % environ. — Les droits d'importation légaux n'étant que de 30 % environ , le consommateur espagnol bénéficie de 30 % qui , répartis sur 80 millions de francs , représentent 24 millions.

La consommation espagnole gagne au moins 10 %, soit 10 millions sur les tissus de soie , de laine et sur les toileries proprement dites.

Voilà donc , par suite de la modification douanière adoptée par les cortès , un bénéfice immédiat de 34 millions pour la consommation espagnole. C'est l'équivalent d'un neuvième de dégrèvement sur la totalité de l'impôt, ainsi que le faisait judicieusement observer , il y a quelques mois , M. Gustave d'Alaux, l'un des rédacteurs de la *Revue des Deux-Mondes*.

Mais , dira-t-on , qui donnera de l'occupation à ces soixante mille individus qui s'occupaient exclusivement de contrebande? Le travail national , répondrons-nous ; car ce qui manque à l'Espagne , ce ne sont ni les richesses enfouies dans le sol , ni les faveurs du climat ; mais bien cette activité productrice et vivifiante dont la France a donné l'exemple intéressant depuis vingt ans.

D'autre part , le droit sur les cotons rapportera de plus une vingtaine de millions au fisc espagnol ; ajoutons ici les 4 millions fournis par l'importation des laines , soieries et toileries ; ajoutons encore 20 millions résultant des droits de douane sur les autres articles , et nous obtiendrons un total très-approximatif de 44 millions , représentant un surcroît de revenu net pour les finances , soit un cinquième d'augmentation environ sur le budget des recettes.

Comme on le voit , les résultats immédiats de la réforme douanière portent un coup mortel à la contrebande , en même temps qu'ils donnent au gouvernement espagnol et au consommateur un avantage indiscutable. Il importe que ces avantages ne soient pas immobilisés , et qu'ils deviennent progressifs sous l'empire d'une alliance plus étroite des intérêts économiques entre la France et l'Espagne.

Au moment même où ces lignes tombent de notre plume, les symptômes les plus significatifs témoignent de l'influence que conquièrent les intérêts économiques dans la constitution des alliances politiques. Les représentants de l'agriculture, du commerce et de l'industrie se réunissent le 20 janvier, à Vienne, pour jeter les bases d'une profonde modification dans les tarifs douaniers. Le *Moniteur Prussien* enregistre, d'autre part, l'envoi prochain à Dresde de M. le docteur Hock, conseiller du ministre du commerce autrichien, qui sera exclusivement chargé de traiter, dans cette ville, les questions économiques. S'il faut dire la vérité, l'Autriche d'accord avec la Prusse, profitera du congrès de Dresde pour jeter les bases d'un Zolwerein allemand. La constitution du puissant empire dont le Zolwerein récèle le germe sera-t-il sans portée sur les hommes politiques appelés à féconder l'alliance franco-ibérique ?

Nous l'avons déjà dit, — chaque pays a ses allures et son organisation calquées sur des circonstances générales auxquelles il ne saurait se dérober. Effectuée en vue d'extraire du sol les admirable richessess imétallurgiques qu'il renferme, l'industrie espagnole aurait déjà une tâche immense à remplir, et sa marine marchande trouverait un aliment énorme dans l'exportation, en France, des minerais cuprifères qui pourraient y être traités et manufacturés avec avantage. En combinant leurs moyens d'action, les deux pays limitrophes accroîtraient considérablement leurs échanges, tout en échappant l'un et l'autre au monopole des manufacturiers de Swansea.

Ce que nous disons pour le cuivre s'accomplirait également avec grand profit pour mille produits divers, dont les droits ne sont pas en rapport avec les nécessités industrielles. Sous le prétexte de favoriser la fabrication encore à naître de certains produits, la *ley de aduanas* consacre encore aujourd'hui une fâcheuse exclusion pour des articles que la France pourrait importer à bas prix dans la Péninsule. Qu'arrive-t-il par suite de cet ostracisme ? Que la matière manufacturée par le fabricant espagnol revient fort cher, en raison même des droits perçus à l'entrée du produit nécessaire à sa fabrication. Que la France et l'Espagne se fassent, sur ce point, des avantages et des concessions réciproques, et un grand progrès sera réalisé.

La marine marchande espagnole a tout intérêt à ce que l'abaissement progressif des tarifs douaniers rende les communications plus fréquentes et plus nombreuses. D'après des documents positifs et qui nous ont été récemment communiqués, la Péninsule possède 942 navires, jaugeant de 80 à 400 tonneaux : 1,997 de 20 à 80 tonneaux, et 10,150 de 28 tonneaux, soit un total de 13,089 bâtiments de tout tonnage, montés par 61,508 marins. Nous demandons si le gouvernement qui a opéré, depuis quelques années, de si grandes réformes en Espagne, doit regarder ces chiffres comme exprimant un état normal et en rapport avec ses 612 lieues de frontières maritimes baignées par l'Océan et la Méditerranée. Au XVIe siècle, les marins catalans et biscayens n'étaient surpassés par ceux d'aucun pays ; on doit à leur intrépidité de nombreuses et belles découvertes. L'Espagne ne saurait oublier que *tradition oblige* (1).

---

(1) Nous croyons devoir mettre sous les yeux du lecteur le tableau suivant. C'est la plus éloquente plaidoierie en faveur des efforts du gouvernement d'Isabelle, pour reconstituer une marine dont la force pourrait être d'un grand poids dans les intérêts de l'Europe méridionale.

Voici les bâtiments terminés ou mis en coustruction sous le cabinet modéré, dont le général Narvaez est président :

VAISSEAUX.

| de 80 | Isabelle II | Cadix | en construction. |
| id. | Rey Francisco | Ferrol | id. |

FRÉGATES.

| de 50 | Navas de Tolosa | Cadix | en construction. |
| de 40 | Bailen | Ferrol | id. |

CORVETTES.

| de 32 | Ferrolana | Ferrol | terminée. |
| id. | Roger de Lauria | Carthagène | tous les bois prêts |

BRICKS.

de 16	Pelayo	Ferrol	terminé.
id.	Valdès	Cadix	id.
de 14	Scipiou	Carthagène	id.
de 16	Alcido	Ferrol	en chantier.
id.	Galiono	Cadix	id.
id.	Gravina	Carthagène	id.
de 14	Churruca	Ferrol	tous les bois prêts.
id.	Navarro	Cadix.	id.
id.	Alavo	Carthagène	on prépare les matériaux.

Tout s'unit pour le prouver , la jeune Espagne est destinée à sortir de la léthargie où l'avaient plongée le guerre civile , l'anarchie et la domination occulte de l'Angleterre. Agriculture , métallurgie . navigation , commerce , toutes ces branches diverses de l'activité humaine se ressentiront, dans la Péninsule , de la loyale et vigoureuse attitude du cabinet Narvaez : mais il faut, pour que cet effet se produise, qu'on ne s'endorme pas sur un résultat obtenu, et qu'on n'oublie pas, de chaque côté des Pyrénées, à quel prix l'union franco-ibérique peut concourir à la victoire du pavillon libéral et constitutionnel, dans les eaux de la Méditerranée.

Il faut que de nouvelles, que d'incessantes modifications soient mises à l'étude, et que l'alliance politique entre la France et l'Espagne soit cimentée d'une manière sérieuse et durable par la fusion des intérêts économiques des deux peuples.

Un éminent publiciste, en position de suivre les évènements de la

---

GOELETTES.

de 8	Cruz	Cadix	terminée.
id.	Gaditano (paquebot)	id.	id.

BATEAUX A VAPEUR.

Isabelle-la-Catholique	500 chevaux,	Londres	en construction.
Fernando el Catolico	500	id.	id.
Isabelle II	500	id.	id.
Francisco de Asis	500	id.	id.
Colon	350	id.	terminé.
Pizarro	350	id.	id.
Vasco Balbao	350	Cadix	les bo⋅s prêts.
Fernand Cortes	350	id.	id·
D. Jorge Juan	350	Ferrol	en chantier.
D. Antonio Ulloa	350	id.	id.
Narvaez	140	id.	id.
D. Juan de Austria	100	Havane	terminé.

Neuf transports : Marigalante, Santacilio, Ponta, Santa-Maria, Nina et Georgine, frégates ; Jason et Elro , bricks ; Jupiter, goëlette ; et dix petits bâtiments de guerre. En tout , cinquante navires de toutes classes.

La GAZETTE DE MADRID publiait, il y a peu de temps, un décret contresigné par le duc de Valence , qui ouvre un crédit extraordinaire de dix millions de réaux au ministère de l'intérieur, dans le but d'organiser un service de communications directes et rapides entre l'Espagne, Cuba et Porto-Rico.

politique espagnole en 1843 , M. J.-J. Jullien , écrivait , peu de temps avant les *pronunciamentos* qui ont signalé la chûte du parti Espartériste :

« Les alliances d'intérêt, les associations entre peuples , les pacifiques conquêtes de la civilisation , de l'industrie et du commerce , sont les seules voies ouvertes aujourd'hui au progrès. Ce sont les seules dignes de la France et de notre siècle....

» Les intérêts de l'Espagne et ceux de la France sont identiques , appelés à se compléter , à se fortifier l'une par l'autre : ces deux nations ont besoin d'être étroitement liées et de marcher ensemble au même but. »

L'éloquent plaidoyer de notre honorable ami avait l'*union douanière* pour conclusion. Plus timide dans nos conceptions, nous adjurons les hommes d'état de France et d'Espagne de travailler de concert à une amélioration progressive et continue de leurs tarifs respectifs. C'est dans notre conviction le meilleur — nous allions dire le seul moyen — de réaliser l'union franco-ibérique.

Adolphe BOBIERRE.